세례성사

ANSELM GRÜN
DIE TAUFE
Feier des Lebens

Copyright © 2000 Vier-Türme GmbH
D-97359 Münsterschwarzach Abtei

All rights reserved

Translated by Jeong Hangyo
Korean translation copyright © 2004 by Benedict Press
Waegwan, Korea

Published by arrangement with Vier-Türme GmbH, Münsterschwarzach

세례성사
2004년 6월 초판 | 2013년 4월 3쇄
옮긴이 · 정한교 | 펴낸이 · 이형우
ⓒ **분도출판사**
등록 · 1962년 5월 7일 라15호
718-806 경북 칠곡군 왜관읍 왜관리 134의 1
왜관 본사 · 전화 054-970-2400 · 팩스 054-971-0179
서울 지사 · 전화 02-2266-3605 · 팩스 02-2271-3605
www.bundobook.co.kr
ISBN 978-89-419-0411-3 03230
값 7,000원

이 책의 한국어판 저작권은
Vier-Türme GmbH와의 독점 계약으로 분도출판사에 있습니다.
저작권법에 의해 한국 내에서 보호를 받는 저작물이므로
무단 전재와 무단 복제를 금합니다.

안셀름 그륀

세례성사 생명의 축제

정한교 옮김

분도출판사

머리말 | 9

새 정체 | 9
새 탄생 | 10
하느님께 참여함 | 11
세례의 의미 | 13

1 세례성사 | 15

아이의 신비 | 16
물 | 18
정화의 물 | 19
영적 다산성 | 21
삶의 장해를 묻어 버린다 | 22
죽음의 힘을 앗아 버린다 | 23
열린 하늘 | 24
조건 없이 받아들여진다 | 25
다시 태어난다 | 26
도유 | 27
크리스마 | 28
하느님께 다가간다 | 29
세례초 | 31
흰 옷 | 32
달라진다 | 33
교회 공동체의 일원이 된다 | 34

11 세례 예식 | 37

> 문답 | 38
> 이름 | 39
> 대부모 직분 | 40
> 성서의 세례 대목 | 41
> 십자표 | 41
> 성인 호칭 기도 | 42
> 안수 | 44
> 세례수 축성 | 44
> 악을 끊어 버린다 | 45
> 사랑에 잠겨든다 | 47
> 왕이요 사제이며 예언자 | 48
> 하느님의 모상 | 49
> 부활의 빛 | 49
> 에파타 예식 | 50
> 축복 | 53
> 세례의 본질 | 54

]]] 세례 생활 | 57

세례 쇄신 | 57
나는 세례받았다 | 58
생명의 샘 | 60
친교하는 삶 | 61
성수 | 62
그리스도를 입는다 | 64
왕다운 인간 | 65
삶을 위한 결단 | 66

맺는말 | 69

머리말

새 정체

초기 교회에서는 세례가 영세자에게나 참례자에게나 깊은 인상을 남기는 예전이었다. 세례에 앞서 여러 해 준비가 있었다. 이동안 영세자가 그리스도교 삶의 신비로 안내받았다. 분명히 초기 교회는 사람들에게 예수 그리스도와 함께 그분의 정신으로 사는 삶을 불어넣을 줄 알았다. 그래서 사람들은 저무는 고대처럼 의미 없이 분망한 패륜의 삶에 대안을 제시하는 삶을 체험했다. 세례에서 영세자는 종래의 자기 생애와 결별을 단행했다. 예수의 말씀을 지향할 뿐 아니라 하느님의 생명을 마시며 다른 삶을 살기로 결단했다. 그들은 세례를 통해 비로소 참으로 생명에 이른다고 느꼈다. 종래의 모든 삶은 — 베드로 전서에 씌었듯이 — "마타이오

스" 곧 "헛된" 삶이었다. 한갓 환상인 겉치레 삶이었다. 세례에서 그들은 옛 정체를 버리고 예수 그리스도 안에서 새 정체를 찾았다. 저무는 고대의 삶은 사실 "파넴 엣 치르첸세스" 곧 "빵과 놀이"를 찾는 소리로 떠들썩해 있었다. 타락한 세상이었다. 삶의 의미는 사라져 버리고, 만사가 선정적 호기심과 향락 둘레만 맴돌고 있었다. 이런 속 빈 분망에서 영세자들은 뛰쳐나와 그리스도 안에서 새 정체를 찾았다. 이렇게 옛 정체를 끊어 버리는 일이 밤중에 거행하는 세례에서 인상깊게 표현되었다. 영세자가 맨몸으로 세례조 안에 들어서서 세 차례 내려붓는 물을 받아썼다. 그들은 하느님과 먼 삶의 악과 무의미를 배격했고, 이 세상에 대해서는 죽어서 성공과 업적, 향락과 탈선이 아니라 그리스도에 의해 자기 정체를 규정짓기로 결단했다.

새 탄생

그들은 세례를 새 탄생처럼 체험했다. 그리스도 안에서 새 실존을 얻었다. 그 새 실존에 큰 자유의 체험이 새겨졌다. 이제 영세자는 하느님에 의해 규정된다. 이제 자유인이다. 더는 떠받들 황제란 없다. 더는 남의 기대를 충족시키도록 저주받은 처지가 아니다. 참으로 자유롭고 참 삶에 이르는 길을 갈 수 있다. 그리고 세례를 통해 그들은 새삼 가까이 계신 하느님을 경험하며 조건 없이 사랑받고 있음을 알았다. 그들에게 세례란 속량받고 해방된 삶의 신비와 하느님 사랑의 신비 속으로 성별되어 들어감이었다. 하느님이 그들을 당신 사랑의 고리 속에 거두어들이심이었다. 영세자가 맨몸으로 세례조에서 나오면 주교가 — 혹은 여자이면 한 여자가 — 향유를 발라 주었고, 이때 영세자는 참으로 새사람, 하느님의 사랑에 푹 싸인 사람임을 체험했다. 그리고 동시에 교회 안에서 새 형제자매를 발견했다. 이 공동체는 그들을 편견 없이 받아들이되 또한 의미있는 삶을 성취하도록 요청했다.

하느님께 참여함

의미가 성취된 삶을 동경하는, 이 세상의 기대와 요구에서 자유롭기를 추구하는 동기는 오늘도 확실히 많은 사람에게 있다. 그러나 이 동경이 예수 그리스도와 무슨 관계가 있는지, 왜 하필 그리스도와의 친교가 자유와 생명을 충만히 선사한다는지 많은 이가 묻는다. 어떻게든 영적인 길을 걸으면 족하리라. 예수 없이도 그 길에 이를 수 있으리라. 우리가 사람 되는 길에서 예수의 구실을 기술하기 위해 확실히 우리 자신의 기록이 필요하리라. 초기 그리스도인들은 예수와 만나기에 하도 매혹된 나머지, 예수가 선사한 새로운 삶의 질을 체험하기 위해 박해의 위험마저 받아들였다. 사람들이 예수의 무엇에 그처럼 탄복하고 목숨마저 걸게 되었는가? 예수의 메시지를 헬라 정신세계에 옮겨놓은 베드로 후서는 예수의 매력이 실감나는 바탕인즉 예수가 우리와 우리 삶에 좋은 모든 것을 선사한다는 데 있다고 보았다. 예수 안에서 하느님의 영광이 밝혀졌다. "이 영광과 능력으로 우리가 가장 값지고 위대한 약속을 선사받았습니다. 그 약속으로 말미암아 여러분은 욕정으로 이 세상에 빚어진 부패를 멀리하고 하느님의 본성에 참여하게 되었습니다"(2베드 1,4). 세례는 아무것도 가져다주지 않고 길잃음으로 이끌 따름인 그런 길에서 우리를 해방하고 하느님의 본성에 참여하는 길을 선사한다. 하느님 당신께 참여함, 그것이야말로 고대인들의 최대 소원이었다. 사람은 하느님께 참여할 때 비로소 참으로 사람이 된다. 저물어 가는 고대에는 그렇게 믿었다. 감옥에서 죽기 직전에 알프레드 델프도 그렇게 체험했다. "사람은 하느님과 더불어서만 사람이다"(Delp 281). 사람을 업신여기는 국가사회주의 이데올로기에서 그는 사람이 사람 되기 위해 하느님의 본성이 필요하다는 교훈을 얻었다. 사람들이 삶의 신비를 짐작하도록, 자기가 정작 누구인지를 체험하도록, 그렇게 오늘날 세례를 거행하는 것이 교회의 과업이리라.

세례의 의미

유아 세례가 점점 더 예사가 되면서 세례의 실존적 효과가 많이 상실되어 갔다. 그리고 도대체 유아 세례의 거행이 무슨 의미가 있다느냐는 불쾌감이 오늘날까지 남아 있다. 아이가 거기서 얻는 것이란 아무것도 없다. 과거에는 유아 세례의 이해를 도리어 어렵게 하는 해석이 더러 있었다. 예컨대 아이가 원죄에서 해방된다거나, 이방인 아이에서 하느님 아이로 된다거나, 세례를 통해 교회의 일원이 된다는 따위다. 첫째 이해는 마술과 비관이 깔려 있는 것으로 들린다. 마치 세례받지 않은 아이는 하느님 아이가 아니며 하늘에 들어갈 수 없다는 양이다. 세례를 일방적으로 교회 입회로 이해한다면 모아들이기의 곁맛을 띠게 된다. 그렇다면 교회는 되도록 빨리 회원을 묶어 놓으려는 결사처럼 이해된다.

물음인즉 오늘날 우리는 세례를 어떻게 이해할 수 있느냐다. 그리고 세례를 어떻게 거행해야 사람들이 삶의 신비 앞에서 매혹되도록, 하느님이 아이를 선사하기로 하신 데 대해 반가워할 수 있도록 할 수 있을까? 과연 세례는 진정 그리스도교다운 면이 있다. 쿰란에서 예사였던 것처럼 유다교 정결례와 비슷하지만 그런데도 특별한 면이 있다. 다른 면에서는 모든 종교에 아이의 출생을 둘러싸고 예식이 있다. 모든 민족과 문화가 출생의 신비를, 아이가 하느님의 선물임을 예식으로 표현하려는 욕구를 역력히 가지고 있다. 그리고 흔히 이런 예식의 중심 주제인즉 물과 씻음이다. 아이의 참 본질을 덮고 있는 모든 것을 씻어내고 아이를 삶의 참 원천과 접촉하게 하자는 것이다. 나는 이 책에서 완성된 세례 신학을 전개하고자 하는 것이 아니라, 세례가 (바로 유아 세례도) 우리에게 무엇을 의미할 수 있는지, 우리가 세례를 어떻게 거행하며 조건 없이 사랑받는 자유로운 인간으로서 우리네 세례의 실상에서 어떤 삶을 길어낼 수 있는지, 표상적인 언어로 — 교부들처럼 — 그려 보이고자 한다.

1 세례성사

세례는 성사聖事다. 그런데 오늘날 많은 이가 이 개념 자체부터 아무것도 모른다. 성사는 "맹세로 의무를 지게 하는 축성 행위"(Neunheuser 825)를 뜻한다. 라틴말로 "성사"를 가리키는 "사크라멘툼"은 본디 로마 군대에 입대하는 신병이 깃발 앞에서 맹세하는 선서를 가리키는 말이었다. 세례성사에서 영세자는 그리스도께 맹약을 한다. 이로써 그리스도와 함께 자기 삶을 가꾸겠다고 밝히는 것이다. 성사는 또 다른, "비사"라는 뜻도 있다. 그리스말 "뮈스테리온"의 번역이며 그 라틴말 음역은 "미스테리움"인데, 믿는 이가 삶의 신비로, 예수 그리스도의 죽음과 부활의 신비로 들어가는 그런 축성을 의미한다. 문제는 이 두 개념이 한 아이의 세례를 이해하는 데 어떻게 도움이 될 수 있느냐.

아이의 신비

세례에서 우리는 아이의 신비를 경축한다. 그 본질은 무엇인가? 그 가장 깊은 실재에서 이 아이는 누구인가? 아이의 삶을 예수 그리스도의 운명과 접촉시키는 거기서 우리에게 분명해져야 할 것인즉, 이 아이가 정작 누구이고 삶이란 무엇을 의미하며 믿음의 눈으로는 삶을 어떻게 볼 수 있느냐. 예수의 운명에 비추어 아이의 신비가 우리에게 열려야 한다. 아이에게 현세 생명만이 아니라 하느님 생명도 있음을, 아이가 예수의 부활에 이미 참여해 있으므로 죽음이 더는 아이에 대해 힘이 없음을 우리는 알게 되어야 한다. 그런데 세례 예식이 영세자와 세례를 거행하는 사람들 안에 낳아야 할 효과는 무엇인가? 예식은 우리 눈을 열어준다. 그래서 아이를 이 부모와 이 가족의 아이로만 보지 않고 하느님의 아이로 보도록. 이 아이 안에서 하느님이 새로운 일을 시작해 놓으심을, 이 세상에서 두 번 다시 없이 남다른 무엇을 밝히심을 보도록.

그러나 예식의 효과는 더 크다. 예식에서 예수 그리스도 몸소 아이와 접촉하시면서 당신 하느님 생명과 조건 없는 사랑을 부어넣으신다. 접촉하시면서 하느님의 보호를 전달하고 당신 아름다움을 열어보이신다. 우리는 아이에 대해서만 말하는 것이 아니다. 예수 그리스도 안에서 가장 분명하게 밝혀진 바인 하느님의 신비 속으로 아이를 안고 들어감으로써 우리는 그분의 신비를 경축한다. 그러나 한 예식에서 무슨 일이 일어날 때 그것은 결코 그 예식이 수행되는 당사자인 사람하고만 관계있는 일이 아니며, 으레 언제나 예식에 참여하는 사람들을 위한 일이기도 하다. 어린아이 자신에게는 예식의 효과가 한정되어 있을 것이다. 거기서 자기에게 일어나는 바를 좀처럼 의식적으로 함께 얻지 못하기 때문이다.

　우리는 우리를 위해서도 세례를 거행한다. 아이를 새로운 눈으로 보고 주어진 예식들을 통해 새로운 행동 방식과 관계 귀감을 습득하기 위해서다. 아이는 부모의 아이만이 아니다. 하느님의 아이다. 하느님스런 존엄성이 있다. 자유롭다. 부모에게 속하는 것이 아니라 하느님께 속한다. 그 자신의 길을 걸을 것이다. 곁에 천사가 있어 따라다니며 삶의 위험들도 또 좋은 뜻의 교육이 주는 상처들도 안전하게 겪어 나가도록 이끌어 줄 것이다. 그러므로 세례는 부모의 짐을 덜어 준다. 부모는 사실 교육에서 만사를 바르게 해야 한다는 압력을 자주 받고 있다. 사실 교육의 잘못이 불행한 결과를 낳고 아이를 오래도록 해칠 수도 있다. 세례는 하느님이 아이 위에 당신 보호의 손을 들고 계심을 가리킨다. 그리스도의 치유력이 우리네 신경증적 심혼의 상처받은 메커니즘보다 강함을, 아이마다 천사가 있어 지켜 주고 있음을.

물

세례에서 우리가 경축하는 삶이 어떤 것인지, 세례 예식에서 드러나는 대로 몇 가지 표상에 따라 살펴보자. 우선 물이라는 표상이 있는데, 물론 세례의 중심 표상이다. 맨몸으로 세례조에 들어갔던 초기 그리스도인에게는 머리 위에 몇 방울 붓기만 하는 우리네에게보다 더 인상적인 표상이었다. 물은 우선 모든 생명의 원천이다. 모든 생명이 물에서 생겨난다. 동화에서는 상처를 치유하고 영영 살게 하는 생명수를 이야기한다.

젊음의 우물이라는 표상이 있다. 그 물을 마시는 사람은 언제까지나 젊다. 샘과 우물은 모든 문화에서 거룩한 곳이다. 우물가에서 사람들이 만난다. 거기로 이를테면 모세나 이사악처럼 남자들이 신부감을 선보러 간다. 우물은 에로틱한 차원이 있다. 그리고 하느님 계시의 장소다. 아브라함이 쫓아낸 시녀 하갈은 샘물가에서 다시 살 용기를 얻는다. 예수는 우물가에서 사마리아 여자를 만나 당신이 줄 물 이야기를 하신다. "내가 주는 물을 마시는 사람은 영원히 목마르지 않을 것입니다. 내가 주는 물은 그 사람 안에서 샘이 되고 거기서 물이 솟아 영원한 생명을 누리게 할 것입니다"(요한 4,14). 세례는 그러므로 우리 자신 안에서 결코 마르지 않는 샘이 될 물을 길어내는 그런 우물이다. 세례우물에서 샘과 우물의 에로틱한 차원도 볼 수 있게 된다. 필경 하느님의 사랑이 거기서 우리 위에 부어지고 우리 안에서 마르지 않는 샘이 된다. 우리가 가장 깊이 갈구하는 것은 결코 마르지 않는 샘에서 마시기에 결코 끝나지 않는 그런 사랑이다. 이 하느님의 사랑이 세례의 샘물에서 우리에게 선사된다. 언제나 우리는 그 물을 마실 수 있다. 우리네 인간의 사랑이 깨질 때라도, 손가락 사이로 흘러 버릴 때라도.

정화의 물

모든 종교와 문화에서 물은 정화와 쇄신의 힘도 있다. 세례의 물은 우리에게 과거의 잘못을 씻어 주고 새사람으로서 살도록 우리를 새로이 한다. 이 점은 아이보다 어른에게 물을 붓는 경우에 더 이해하기 쉽다. 아이한테서 무엇을 씻어야 할까? 아직 죄를 짓지도 않았는데? 중세기의 교회가 아이는 원죄가 씻기게 된다고 생각했다면, 오늘날 우리네 언어로 옮겨놓건대, 아이는 운명의 관계에서 벗어나게 된다고 말할 수 있겠다.

유전인자에서 비롯하여 부모와 조부모와 증·고조부모들의 유아기 경험을 통해 조건지어진 심리적 가족상황에 이르기까지, 아이가 짊어진 모든 짐이 세례에서 씻겨 나간다. 물론 이 일이 무슨 마술처럼 일어나는 것은 아니다.

심리적으로 뒤얽힌 모든 것이 세례를 통해 간단히 풀린다고 말할 수는 없다. 그러나 아이 위에 물을 쏟으면서 우리는 아이가 부모와 조부모의 운명을 되풀이하도록 저주받은 것은 아니요 단지 가계의 소산만은 아니며 전혀 새로이 시작할 수 있다고 상상할 수 있다. 그것이 우리가 세례에서 거행하는 영적 탄생이다. 아이는 과거에 붙박여 있지 않고 하느님이 이 아이에게 역사하고자 하시는 새로운 것을 위해 열려 있다.

어두운 가족 비밀들이 아이에게 새겨지는 것이 아니라, 하느님의 천사가 아이를 전래된 가족 상황 속에 온갖으로 짓눌려 있는데도 자유와 생명으로 이끄는 것이다. 우리가 아이에게 끼우는 온갖 때를, 우리네 표상들로 말미암아 우리가 아이에게 덮어씌우고 아이의 본질을 흐려 놓으며 더럽히는 그런 때들을 물이 씻어낸다고 상상할 수도 있다.

세례수는 아이 안에 나타나는 둘도 없는 하느님 모상을 흐리게 하는 모든 것을 정화하고자 한다.

영적 다산성

물은 더 나아가 영적 다산성의 표상이다. 더는 아무것도 나오지 않는 틀 속에 갇힌 사람들이 있다. 거기서는 모든 것이 메마르고 굳어 있다. 세례는 우리를 결코 마르지 않는 샘이 우리 안에 솟고 있음을 거듭 상기시킨다. 그것은 우리가 언제나 길을 수 있는 성령의 샘이다. 거기서 우리는 언제나 영감을 받아 새로운 생각에 이른다. 거기서 우리는 하느님의 창조성과 닿아 있다. 이 샘에서 나오는 힘으로 일하는 사람은 결코 기진하는 일이 없다. 그에게서는 일이 흘러나온다. 그는 일할 의욕이 있다. 그리고 자기 안에서 꽃피는 생명에 대한 기쁨이 있다. 우리는 저마다 자기 힘이 고갈될 수도 있다는, 더는 새로운 생각을 찾지 못한다는, 권태로워지고 허무해진다는 불안도 안고 산다. 세례는 우리 안의 샘이 하느님의 샘이므로 무진장이라고 약속해 준다. 그 샘물이 언제나 신선한 생수로 남아 있을 것이고 우리 안에서 싹트려는 씨앗을 싹틔워 열매맺게 할 것이다.

세례수의 창조적인 면이 이방인 부대장 고르넬리오의 세례 이야기에서 역력히 드러난다. 고르넬리오는 꿈에 베드로를 초청하라는 지시를 받았다. 베드로가 그의 집에 와서 설교를 하자 모두가 성령으로 충만하게 된다. 신령한 언어로 말하고 하느님을 찬양하기 시작한다. 모든 유다인이 이방인에게도 성령이 내려오신다는 사실에 놀란다. 베드로는 그러나 "'우리처럼 성령을 받은 이 사람들에게 어느 누가 세례받을 물을 거절할 수 있겠습니까?' 하고는 그들이 예수 그리스도의 이름으로 세례를 받도록 명했다"(사도 10,47-48). 물로 주는 세례는 성령을 보내심과 관계가 있다. 초기 교회는 세례수에 성령의 성화하며 살리는 힘이 차 있다고 믿었다. 세례수는 사람을 다산성 있게 하고 성화하며 쇄신할 수 있다.

삶의 장해를 묻어 버린다

물은 파괴력도 있다. 옛사람들은 바다의 위험 앞에 불안이 있었다. 오늘도 우리는 수많은 수재에서 물의 파괴력을 실감한다. 꿈에서 홍수란 으레 우리에게 무의식이 범람하고 있음을, 우리가 자기 힘이 아니라 무의식에서 나오는 어떤 힘으로 살고 있음을 의미한다. 바울로는 이 치명적인 물의 힘을 눈앞에 두고서 우리는 그리스도의 죽음에 참여하는 세례를 통해 그분과 함께 묻혔고 그리스도처럼 하느님에 의해 죽은 이 가운데서 일으켜졌다고 썼다(로마 6,3 이하 참조). 세례에서 우리는 마치 그리스도의 무덤 속에 묻히듯 하며 우리 삶을 저해하는 모든 것을 묻어 버린다. 되도록 많은 돈과 권력과

명예를 얻기만 겨냥하던, 자기 자신만 맴돌며 자기 안에 틀어박혔던 그런 우리네 옛 정체를. 우리의 상처와 병들을. 그것들을 계속 이용하여 남들에게 우리 현실 처지의 탓을 돌리려 하지 않는다. 새사람으로서 살기 위해 이 세상에 대해 죽는다. 성공과 업적, 인정받기와 대접받기가 아니라 하느님에 의해 우리 자신을 규정한다. 이것은 참된 자유를 의미한다. 교회의 세례는 거기서 정체 전환이 일어남을 가리킨다. 아이는 자기 참 본질과 접촉하면서 이 세상의 종속에서 자유롭게 된다. 우리도 세례에서 아이를 새로이 대하는 법을 익힌다. 아이를 인정과 성공으로 규정되는 실존에 고정시키려 하지 않고, 아이 안에서 하느님의 신비를 보고자 한다. 자유와 독존의 신비를, 하느님스런 존엄의 신비를.

죽음의 힘을 앗아 버린다

우리가 이 세상에 대해 이미 죽었다면, 이 세상이 우리에 대해 더는 힘이 없다면, 이것은 또한 우리가 벌써 이 세상 문턱 저쪽에 살고 있다는, 죽음이 이제 우리에게 아무 상관도 있을 수 없다는 말이다. 출생 때마다 새 생명에 대한 기쁨에 으레 이 아이가 얼마나 오래 살까 하는 불안도 섞여 들게 마련이다. 세례에서 우리는 이 아이가 결코 죽지 않으리라는 믿음을 표현한다. 육신의 죽음이 언젠가 찾아들 때라도, 이 아이의 자아가, 그 본디 인격 핵심이 소멸하지는 않으리라. 이것은 이 아이와 우리의 관계가 결코 끊어질 수 없음을 뜻한다. 이 아이가 참여하고 있고 우리를 관류貫流하고 있는 하느님의 사랑이 죽음을 넘어서도 우리를 서로 맺어 나가리라. 이 믿음은 우리 아이를 죽음이 뺏아갈 수도 있다는 우리 불안을 앗고자 한다. 그리고 이 불안에서 자유로워짐으로써 우리가 막무가내로 아이를 꽉 붙들고 있는 것이 예방될 것이다.

열린 하늘

예수의 세례를 살펴보면 물과 세례의 또 다른 면도 눈앞에 다가온다. 마르코는 예수의 세례를 이렇게 기술한다. "그 무렵 예수께서 갈릴래아 나자렛에서 요르단 강으로 와서 요한한테 세례를 받으셨는데, 물에서 올라오시자 곧 하늘이 갈라지며 영이 비둘기처럼 당신께 내리는 것이 보였다. 이때 하늘에서 소리가 울렸다. '너는 내 사랑하는 아들, 나는 너를 어여삐 여겼노라'"(마르 1,9-11). 예수께서 물속으로 내려가신다는 것은 땅속 깊은 데까지 들어가신다는 표상이다. 심리학에서 물은 무의식의 표상이다. 세례에서 우리는 무의식의 심층으로, 자기 영혼의 심연으로, 우리가 삶에서 제외한 모든 것이 몰려들게 된 그림자 나라로 내려간다. 그리고 우리가 자신의 어둠 속으로 내려가는 바로 거기서 우리 위에 하늘이 열린다. 이것은 그리스도인의 신비를 가리키는 아름다운 표상이다. 우리는 우리 자신의 인간 실존을, 그 모든 높이와 깊이를, 우리의 무의식에 깃든 그 캄캄한 어둠도 받아들일 용기가 있다. 아무것도 몰아내지 않는다. 그러나 자신의 깊은 데로 내려갈 용기가 있는 바로 거기서 우리 위에 하늘이 열린다. 열린 하늘이 우리가 그리스도인으로서 사는 지평을 가리킨다. 그것은 하느님의 열린 지평이다. 우리의 영혼은 하늘의 넓이에, 별하늘의 광채에, 여름 하늘의 다채로움과 가을 하늘의 부드러운 빛에 참여한다. 우리를 너무 작다고 생각지 말아야겠다. 우리 위에 하늘이 열린다. 우리의 생명이 하느님 안에까지 미친다.

조건 없이 받아들여진다

우리는 무조건 받아들여졌으며 존재 이유가 있다고 하늘에서 하느님이 말씀해 주신다. 칼 프릴링스도르프는 『생존에서 생활로』라는 책에서 조건부로만 존재 이유가 있다고 느끼는 아이가 많다는 사실을 기술했다. 아이들은 특정한 조건을 채울 때만 받아들여진다는 것을 경험한다. 성공한다면, 뭔가 이룬다면, 부모를 걱정시키지 않는다면, 고분고분 말 잘 듣는다면, 그렇게 조건부로만 받아들여질 때, 그것을 알아차리고 아이는 생존 전략을 개발한다. 잘보이기 위해 늘 자기 의견을 눌러 두고 모든 슬픔과 분노를 몰아내며 부모를 걱정시키지 않으려고 한다. 인정받기 위해 점점 더 큰 공적을 세우기에 안간힘을 쓴다. 그러나 바라 마지않는 칭찬을 경험하는 일은 없다. 따라서 참으로 사는 일은 없다. 삶에서 잘려 나간다. 프릴링스도르프는 이렇게 되어 버린 삶을 "생존"이라고 부른다. 살아남을 수 있기 위해 아이는 이 공적과 적응 전략이 필요하다. 살 수 있는 것은 조건 없는 존재 이유를 경험할 때뿐이다. 세례에서 우리는 하느님의 소리를 듣는다. "너는 내 사랑하는 아들/딸, 나는 너를 어여삐 여긴단다." "난 네가 무슨 공을 쌓았기에 널 좋아하는 게 아니라 있는 그대로 네가 좋단다. 그저 반갑고 사랑스럽기만 하단다." 우리가 세례에서 경험하는 이 절대적 존재 이유는 우리가 살아남기만 하지 않고 참으로 살 수 있는 전제다.

다시 태어난다

성령에 의해 다산성이 있는 세례수가 인간이 다시 태어나는 거룩한 모태로도 이해된다. 새로 남의 표상이 세례의 본질적인 일면을 묘사한다. 요한 복음서에서 예수는 니고데모에게 말씀하신다. "누구든지 위로부터 새로 나지 않으면 하느님 나라를 볼 수 없습니다"(요한 3,3). 니고데모가 못 알아듣자 예수는 새로 남의 신비를 밝히신다. "누구든지 물과 영으로부터 나지 않으면 하느님 나라에 들어갈 수 없습니다. 육으로부터 난 것은 육이고 영으로부터 난 것은 영입니다"(요한 3,5-6). 새로 남은 영세자가 새 정체를 얻음을 뜻한다. 그의 옛 정체, 생물학적 정체는 본성적 강박들에 좌우되고 있었다. 영으로부터 새로 태어남이 그에게 자유를 선사한다. 세례에서 아이는 영원한 삶으로 새로 태어난다. 거기서 하느님처럼 된다. 몰락하는 약한 육이 아니라, 하느님의 불사성과 영원성에 참여하는 영이 된다.

도 유

세례의 또 다른 표상은 도유다. 세례에서 영세자에게 두 번 기름을 바르는데, 한 번은 예비신자 성유를, 다음 번은 축성 성유(크리스마)를 바른다. 예비신자 성유는 치유의 기름이다. 예비신자 성유를 바름은 예수 그리스도로부터 나오는 치유력이 아이가 삶에서 겪게 될 상처들보다 강함을 표현한다. 부모가 아무리 조심조심 돌보아도 아이마다 상처를 입는다. 우리는 살다가 어쩔 수 없이 상처를 입게 마련이다. 단연 중요한 것은 우리 생애의 상처들을 어떻게 다루느냐다. 예비신자 성유는 우리가 상처와 함께 홀로 버려져 있지 않다는 것을 전해 주고자 한다. 도유 예식에서 우리는 그리스도의 사랑이 우리 상처에 스며든다는 것, 그리스도 친히 우리 상처를 부드럽게 만져 주신다는 것을 표현한다. 기름은 언제나 부드러움, 사랑, 자상함, 애무를 의미한다. 그리스도는 우리가 상처받는 곳을 어루만지신다. 그리고 그 만짐이 우리의 상처를 치유할 수 있다. 옛적에 예수께서 병자들을 만지고 낫게 하신 것과 똑같이. 예비신자 성유의 도유는 그리스도께서 오늘날 우리를 통해서도 치유하고자 하심을 드러낸다. 우리는 아이를 위해 바르는 기름처럼 되어야 한다. 우리의 사랑으로 감싸주어 상처가 우리 곁에서 나을 수 있도록 해야 한다. 우리는 아이를 위해 치유력을 발산해야 한다. 이것은 그러나 예수처럼 사람들의 민감한 자리를 부드럽게 만져 줄 때, 그들을 바로세워 주며 자기 자신의 삶을 격려해 줄 때만 가능하다.

크리스마

크리스마는 왕을 도유하는 기름이다. 유다교에서 왕과 예언자를 도유함은 하느님의 강복과 하느님이 주신 새로운 권위의 표지였다. 크리스마는 발삼과 향료가 섞여 특별히 좋은 향내가 나는 기름이다. 도유를 통해 표현되는 것인즉, 우리는 왕이요 예언자이며 사제인 사람들이라는 것이요, 하느님의 강복을 받는다는 것이며, 우리의 삶에서 독특한 향기가, 망가진 인간에게서 확인되는 죽음의 냄새가 아니라 생명을 주는 좋은 향기가 나온다는 것이다. 세례를 통해 우리는 왕다운 인간, 자신을 지배하며 누구의 지배도 받지 않는, 살아지는 대신 스스로 사는, 자기 자신이 평화 속에 있으므로 그에게서 평화가 나올 수도 있는 그런 인간이 되었다. 우리는 바꿀 수 없는 존엄성을 가진, 하느님스런 존엄성과 아름다움을 가진 인간이다. 예언자는 공공연히 또 구속력을 가지고 무언가를 발언하는, 자기를 통해서만 이 세상에서 발설될 수 있는 무엇인가를 자기 온 삶으로 말해야 하는 사람이다. 우리는 저마다 예언자다. 즉, 자기를 통해서만 이 세상에서 들리고 경험될 수 있는 그런 하느님의 무엇인가를 자기 자신의 실존으로 표현할 수 있다. 사람마다 유일하다. 이 인간을 통해서만 세상에서 울릴 수 있는 그런 둘도 없는 하느님의 말씀이다.

하느님께 다가간다

그리고 우리는 저마다 사제다. 이것이 더러 주석학자가 세례 설교로 이해하는 베드로 전서의 메시지다. "여러분은 선택된 민족, 왕다운 제관들, 거룩한 겨레, 하느님께 속한 백성이 되었습니다. 그것은 어둠에서 당신 놀라운 빛으로 여러분을 부르신 분의 업적을 여러분이 선포하기 위해서입니다"(1베드 2,9).

사제란 하느님과 인간들 사이의 중개자다. 사제는 하느님께 다가간다. 그런데 이것이 우리에게 무엇을 말해 주는가? 세례에서 우리가 사제로 축성된다는 것은 곧 우리가 직접 하느님께 다가갈 수 있다는 것, 우리 자신 안에서 하느님과 인간을 연결한다는 것을 뜻한다. 사제는 누구보다 먼저 나를 위해 변혁자다. 그는 현세스런 것을 하느님스런 것으로 변혁한다. 현세의 것을 하느님을 위해 투명하게 만든다. 인간 현실 속에서 하느님의 자취를 발견한다.

우리는 저마다 자기 삶이라는 재료를 변화시켜 그 안에서 하느님의 생명이 빛나게 하도록 부름받았다. 사제는 자기 실존의 모든 것을 가지고 하느님의 빛과 영광을 위해 투명하게 될 소임이 있다. 그래서 사람 안에마다 하느님의 영광이 빛을 낸다. 베드로 전서에 따르면 사제의 소임은 하느님이 각자와 공동체에게 얼마나 큰 일을 하셨는지를, 어디서 어떻게 어둠을 밝히고 빛으로 채우셨는지를 선포하는 데 있다. 사제는 그러므로 또한 인생의 해석자다. 삶 안에서마다 빛과 의미성의 하느님스런 자취를 발견한다.

세례초

사람마다 이 세상을 위한 빛임을 세례식은 사제가 세례초를 부활초에서 불붙여 영세자에게 건네줌으로써 표현한다.

종종 우리는 아이들을 짐으로만 경험한다. 세례는 아이와 더불어 이 세상에 빛이 밝혀진다는 데 우리의 눈길을 열어주고자 한다. 사람마다와 더불어 별이 하나씩 떠올라 인류의 밤하늘에 반짝인다고 옛사람들이 상상한 것은 공연한 일이 아니다. 사람마다를 통해 세상은 더 밝고 더 따뜻해지고자 한다. 우리 둘레 사람들의 눈을 밝히고 차가운 마음에 어떤 온기를 가져다주는 것이야말로 우리의 가장 깊은 소명이다. 초기 교회는 세례를 "포티스모스", 곧 조명照明이라고 불렀다.

세례는 그러므로 아이 안에서 우리를 위해 빛이 솟아오를 뿐 아니라 아이 자신이 영원한 하느님의 빛으로 조명된다는 것을 가리킨다.

초기 교회는 요한 복음 9장 1-12절의 맹인 치유를 세례 이야기로 알아들었다. 세례에서 우리는 눈이 열린다. 거기서 정작 실상을 본다. 오딜리아 성녀의 전설은 이 점을 포착했다. 세례에서 태생 맹인인 여자가 보게 되었다. 세례는 우리 눈을 밝혀 우리 안에서 하느님의 빛을 알아보도록 한다.

흰 옷

흰 옷을 입힘으로 세례는 그리스도인이 무엇인지를 표현한다. 초기 그리스도인들은 사실 맨몸으로 세례조에 들어갔다가 나와 흰 옷을 입었다. 그들은 바울로가 갈라디아서에서 쓰는 바를 실행했다. "그리스도와 하나 되는 세례를 받은 여러분 모두가 그리스도를 새 옷으로 입었습니다"(갈라 3,27). 바울로는 여기서 우리를 위해 하늘에 마련되어 있는 천상 옷이라는 고래의 상상을 원용한다. 세례를 통해 우리는 그리스도와 하나가 되었다. 마치 천상 인간처럼 되어 이제는 이 지상에서 하늘의 아름다움을 반영한다. 옷을 입음은 무슨 겉치레만이 아니다. 오히려 온 인간을, 그의 마음도 바꾸어 놓는다. 우리는 세례를 통해 다른 사람이 되었다. 새 실존을 얻었다. 교부들이 거듭 다시 표현하듯이 우리의 몸도 빛나게 하고자 하시는 예수의 영으로 충만해 있다. 흰 옷을 입음에서 우리는 새 행동 방식을 아이에게 실행해 보이는 예식을 수행한다. 언젠가 내 누이는 어느 남자가 "마치 옷을 벗기고 싶은 듯이 바라보더라"고 했다. 이와 반대로 나는 이 아이를 대하여, 흰 옷으로 입혀진다고 느끼도록, 사랑 속에 감싸인다고 느끼도록, 자기 존엄성을 기뻐할 수 있도록 해야 한다. 내 눈길은 벗기는 대신 덮어주어야 한다. 무릇 예식은 우리네 옛

장난과 표양보다 오히려 올바른 태도를 취하는 그런 새로운 행동방식으로 들어가게 하는 구실도 한다.

달라진다

지금까지 살펴본 모든 표상과 예식이 인간 각자의 신비에 관해 무언가를 말해준다. 그러나 — 옛 세례 신학을 염두에 두고 많은 이가 묻거니와 — 세례를 통해 전보다 달라지는 것이 무엇인가? 각자가 세례를 통해 받아들여지는 교회와 무슨 상관이 있는가? 세례는 인간이 무엇인지를 제시하기만 하는 것이 아니라 변화를 일으키는 효과도 있다. 성사는 — 오래된 천주교 교리가 말하거니와 — 보이는 것을 통해 보이지 않는 것을 표현하고 인간에게 전달하는 것으로 성립한다. 외적 예식을 통해 영세자에게 하느님의 은총이 선사된다. 우리가 무슨 연극을 하는 것은 아니거니와, 그렇다고 마술을 수행하는 것도 아니다. 그보다 우리는 하느님 당신이 이 인간에게 하시는 것을 제시한다. 교부들은 사제나 그리스도인의 손으로 예수 당신이 아이를 만지고 다루신다고 믿는다. 예수께서 2천 년 전에 인간들에게 하신 그것을 우리에게 하신다. 일으켜 세우고, 만지고, 상처를 낫우고, 말씀으로 격려하며, 당신 죽음으로 우리 위에 쏟았던 당신 영을 선사하신다. 그리고 십자가를 통해 부활에, 참되고 영원한 삶에 이르는 당신 길로 우리를 함께 데려가신다. 초기 교회에서는 세례 예식이 영세자에게 큰 체험이었다. 자기 안에서 뭔가 달라졌음을, 변화가 일어났음을 실감했다. 아이들은 자기에게 무슨 일이 일어나는지 물론 무의식적으로만 느낀다. 세례 체험이 그들에게 계속 작용한다고 상상할 수는 없다. 그러나 적어도 세례 공동체에게는 무슨 일이 일어난다. 그들은 아이의 신비에 대한 새로운 실감을 얻는다. 그리고 이를 통해 아이에 대한 그들의 관계가 달라진다. 그리고 이 새로운 관계를 통해 아이 안에서도 무엇인가 달라진다. 세례는 인간들 안에 아이가 자기 자신이 되는 길을 걸을 수 있는 공간을 이루어 준다.

교회 공동체의 일원이 된다

공의회에 따르면 세례는 특히 교회 공동체 입회로 이해되었다. 많은 공동체가 그래서 되도록 많은 아이를 함께 모아 주일 예배에서 세례를 주면서 온 공동체가 참여할 수 있도록 하려고 애쓴다. 신학적으로 이것은 옳은 생각이다. 그런데도 자주 현실에는 맞지 않는다. 공동체들은 참으로 아이들이 집에 있다고 느끼는, 새 가족으로 받아들여져 있다고 아는 그런 장소인가? 그러므로 세례를 작은 가족 동아리 안에서 거행하는 것도 합당하다. 사실 거기에도 교회 공동체가, 지역교회가 있으며, 그 안으로 영세자가 들어가 자란다. 교회 입회는 본당 공동체에 받아들여지는 것보다 큰 의미가 있다. 그리스도인은 언제나 관계 속에 산다. 다른 사람을 통해 믿음을 배운다. 신앙인 공동체 속에서 자기 삶의 신비가 무엇인지를 체험한다. 교회 공동체 입회는 그러므로 세례를 통해 그 거행하는 공동체와 더불어 무슨 일이 일어나기도 해야 의미가 있다. 세례 예식을 통해 그들이 아이의 신비 속으로 그리고 예수 그리스도를 통한 속량과 해방의 신비 속으로 들어가는 일이 일어나야 한다. 대부모를 세움은 가족이라는 좁은 둘레가 세례를 통해 깨뜨려져야 함을, 치유 분위기를 제공하고 믿음을 강화하는 더 큰 인간 둘레 속으로 아이가 들어가 자라남을 가리킨다.

11 세례 예식

세례 예식에 대한 고찰은 부모가 아이를 위해 세례 거행을 의식적으로 스스로 준비하고 집전 사제와 함께 꼴 짓는 데 도움이 되어야 한다. 사제가 예정된 예식들을 낱낱이 의식적으로 수행하는 것만으로는 모자란다. 무릇 예식은 달리 표현할 수 없는 우리의 느낌을 표현하기 위해 있다. 예식은 말보다 훨씬 깊은 방식으로 서로를 결합할 수 있다. 그리고 하느님을 향해 우리 서로를 열어준다. 예식에서 우리 삶에 다른 차원이, 우리 땅과 접촉하는 하늘의 차원이 돌입한다. 예식은 예수 그리스도의 모습이 우리 가운데 보여지게 한다. 세례 예식에서는 사제만이 아니라 모든 참례자의, 특히 부모와 대부모의 느낌과 믿음이 중요하다. 그러므로 권하건대,

미리 예식들을 연구하여 어떻게 이해할 수 있는지 그리고 어떻게 꼴짓고 때로는 약간 고쳐서 참으로 공동 축전이 되게 하려는지 숙고할 일이다. 세례에 초대받은 누구나가 축전에 무슨 이바지하도록 초대받았다. 대부모의 환상이 문제가 되어 있다. 그러나 나는 초대받은 이들이 수동적인 구경꾼 노릇만 할 것이 아니라 부모와 대부모와 사제가 준비한 예식들을 받아들이고 때로는 스스로 하고 싶은 대로 제안을 하는 것도 의미있다고 여긴다.

문 답

유아 세례는 집전 사제가 부모와 대부모와 문답하는 대화로 시작된다. 여기서 단순히 예규 형식만 적용할 것이 아니라 직접 부모 자신에게 왜 자기 아이가 세례받기를 원하고 세례란 무엇이라고 이해하며 왜 바로 이 이름을 아이의 이름으로 선택했는지 묻는 것이 의미있다고 생각한다.

나는 부모들에게 미리 세례 준비 때 이 물음을 주어 생각해 보게 한다. 세례에서 중요한 것이 무엇인지 생각해 보라고 당부한다. 그래서 제대로 준비한 말로 자신의 믿음을 공동체 앞에서 표현하도록 한다. 교회에서 소원해진 한 부인이 친척들 앞에서 눈물을 글썽이며 자기 아들을 세례받게 하고 싶은 까닭을 얘기했다. 그녀는 믿음이 자기에게 얼마나 고향이 되었던지를 상기했다. 그리고 자기 아들은 이 세상의 무소속성과 다원성 속에서 뿌리 없이 살기를 바라지 않았다. 그녀는 세례가 아이에게 감싸여 있을 줄 아는 공간을 열어 주었다는 것을 실감하고 있다.

이 름

아마도 자기 아이에게 준 이름에는 남달리 관심이 클 것이다. 이름은 하찮은 것이 아니다. 때로는 이름의 말뜻부터가 한 인간을 위한 설계다. "도나투스"라는 남자는 아이때 이 이름이 어떻게 불편했던지, 그러나 지금은 얼마나 고마운지를 나에게 얘기했다. 그는 이 이름 속에 들어가 자라났다고 했다. 이제는 "선사된 자"로, 하느님의 선물로 자처하노라고. 이름을 선택하면서 영세자는 또한 그 이름을 가졌던 수호 성인을, 자기 삶의 귀감 또는 설계가 될 수 있을 성인을 선택하게 된다. 그는 그 이름의 수호자 곁에서 성장할 수 있다. 이름은 허망한 음향만이 아니다. 내가 세례명 수호 성인에게 몰두할 때 여느 때라면 지나쳐 버렸을 가능성들을 나 자신 안에서 발견하게 된다. 내가 나의 이름으로 불린다는 것은 또한 나의 특별함을 이루는 것이다. 내 이름에 몰두하면 나는 점점 더 나 자신의 유일성의 신비 속에 들어가며 성장하게 된다. 그러면 나는 내 이름으로 불리기를 좋아하게 된다. 그러면 부모가 준 이름과 나를 일치시키게 된다.

대부모 직분

대부모에게도 나는 직접 개인적으로 자기 대부모직을 어떻게 이해하는지 묻는다. 그러면 더러는 아이의 의식적인 반려가 되고 싶다고 말한다. 아이를 붙들어 주고 아이가 언제라도 말을 걸 수 있는 대화 상대자가 되겠다고. 자기 자신도 믿음에 성장하며 새삼 믿음을 캐내는 것이 자기 소임이라고 여긴다고. 특히 부모가 자녀 교육에서 한계에 이를 때 대부모가 아이 곁에 있어서 바로 세워 줄 수 있다.

아이가 — 가령 사춘기에 — 부모를 어렵게 할 때야말로 가족 테두리 밖에서 상대할 수 있는 제3자가 있다는 것은 큰 도움이다. 대부모가 자신에게 세례의 신비를 열어주는 그런 문장을 준비해 오는 일도 나는 더러 보았다. 그런 문장을 찾는 일부터가 이미 부모와 대부모 안에 오히려 큰 동기가 된다. 내가 그들더러 아이에게 모범이 될 수 있도록 주일마다 미사에 참례하라고 요구할 때보다 더 크게.

성서의 세례 대목

문답 다음에 성서에서 뽑은 세례 대목이 따른다. 여기서 부모가 어느 성서 본문이 자기들에게는 세례의 신비를 가장 잘 표현해 주는지를 숙고한다는 것도 의미있는 일이다. 세례 예식서에 선택할 수 있는 성서 대목이 풍부히 제시되어 있다. 반드시 세례만 다루는 것이 아니라 아이의 삶을 위한 표상 또는 설계일 수도 있는 본문을 선택하는 이들도 더러 있다. 어느 부모는 풍랑 대목을 선택하여 이 표상을 배경 삼아 세례 예식 전체를 꼴지었다. 그들은 호두 껍질 꼴로 작은 초를 만들어 삶의 바다를 비추도록 했다. 다른 부모는 우리를 사방에서 감싸시는 하느님의 손을 읊는 시편 139장을 낭송했다. 그들에게는 아이를 보호하시는 하느님의 좋은 손이라는 표상이 중요했다. 아이마다 부모의 쓰다듬는 손만 있는 것은 아니다. 천사의 부드러운 손도 아이를 감싸고 있어 위험에서 보호하고 부모의 사랑이 한계에 이를 때 하느님의 무한한 사랑을 느끼게 한다.

십자표

공동으로 준비하면서 중요해진 생각과 표상을 특별히 집전 사제가 해석하는 짤막한 말을 한 다음, 본격적인 예식이 십자표로 시작된다. 사제만이 아니라 부모와 대부모도 또 ― 가능하면 ― 참례자 모두도 아이의 이마에 십자표를 긋는다. 십자표로 우리는 아이가 하느님께 속하며 국가나 어느 황제나 왕에게 속하지 않음을 표현한다. 아이가 현존함은 다른 사람의 기대 충족이 아니라 자유 안에서 자기 길을 가기 위함이다. 십자가는 또한 모든 대립의 일치를 위한 상징이다. 요한에게는 그리스도께서 우리를 완성에 이르기까지 사랑하신 그 사랑의 표지다. 그래서 우리는 아이에게 십자표를 그으며 말한다. "네가 있어 좋구나. 너의 모든 것이 좋구나. 모순들로 말미암아 네가 찢겨서는 안 된다. 너는 너 자신과 하나이니, 너는 그리스도의 사랑에 의해 하나가 되기 때문이다. 너는 온전히 받아들여져 사랑받고 있다. 네 안에는 하느님의 사랑에 의해 어루만져지지 않는 것이라곤 아무것도 없다." 그리고 십자표로 우리는 하느님의 약속을 밝힌다. "네가 어디로 가든 내가 너와 함께 있겠다. 내가 네 곁에 있다. 너의 모든 길을, 십자가의 길, 잘못 든 길과 에도는 길도 내가 함께 걷는다."

성인 호칭 기도

십자표 다음에 성인들을 호칭하면서 아이들을 위한 청원 기도를 바친다. 이 부분은 부모와 친척들이 매우 개인적으로 꼴지을 수 있다. 한 가능성을 든다면, 저마다 자신의 세례명 수호 성인을 상기하면서 그분이 실현했던 행동 자세를 영세자가 본받게 되기를 기원할 수 있겠다. 마리아라는 어머니라면 아이가 마리아처럼 하느님께 받아들여지기를 빈다. 혹은 모니카라면 겉보기에 만사가 가망없어 보일 때라도 아이가 포기하는 일이 없기를 빈다.

아버지는 아들이 그레고리오처럼 투쟁할 줄 알기를 빈다. 나에게는 안셀모 성인이야말로 당시에 가장 사랑스런 인간으로 존경받았을 만큼 매력있는 분이다. 그래서 나는 아이가 이런 사랑스러움의 어떤 것을 지니기를 빈다. 혹은 부모는 이미 세례 전부터 아이의 세례명 수호 성인에게 열심히 몰두한다. 그러면 이 대목에서 자기 삶에서 나온 어떤 이야기를 하고 이 성인이 제시하는 바를 기원할 수 있다.

세례에 참례하는 어린이들은 미리부터 그림을 그려 영세자에게 기원하는 바를 표현할 수 있다. 이것은 특히 오누이들에게 훌륭한 세례 준비가 될 것이다. 더러는 아이를 위한 청원 기도를 부모에게 불붙인 세례초를 건넬 때로 옮겨놓기도 한다. 이때는 모든 참례자에게 권하여, 맨 처음 세례초에서 자신의 세례초나 등잔에 불을 당기면서 영세자에게 자발적으로 나오거나 미리 적어 온 기원을 말하도록 한다.

안 수

다음 예식은 안수와 아이를 위해 보호를 비는 기도다. 사제만이 아니라 부모도 아이의 머리나 어깨에 손을 얹는다면 의미있는 일이다. 그러면 하느님이 아이 위에 언제나 보호하는 좋은 손을 들고 계시어 악에서 지켜 주고 위험에서 보호해 주시기를 비는 기도의 의미가 손에 잡히듯 실감나게 된다. 이 보호하는 몸짓을 강화하기 위해 다음에는 아이에게 예비신자 기름, 곧 치유의 기름을 바르며 그리스도의 치유력으로 모든 상처가 진주로 변하기를 빈다. 부모는 좋은 뜻을 가지고서도 아이에게 상처를 주게 되기 쉽다. 치유의 기름을 바름은 부모에게서 자기 실수의 불안을 덜고, 그리스도의 치유력을 통해 상처들이 어떤 귀중한 것으로, 아이가 인간들과 하느님께 열려 있을 수 있게 하는 그런 보석으로 변한다는 신뢰심을 강화한다.

세례수 축성

그러고는 세례수를 축성한다. 이 축도에서는 살리고 정화하고 싱싱하게 하고 새롭게 하는 물의 모든 효과를 들먹인다. 이스라엘 백성과의 하느님의 역사와 예수 시대에 이야기되었던 것처럼. 기도는 세례의 원형을, 이

스라엘인이 홍해를 건너가고 모든 적군 이집트인이 거기 빠져죽은 일을 상기시킨다. 그리고 예수의 뚫린 옆구리에서 흐르는 피와 물을 말한다. 세례에서는 아이를 새로 만들기 위해 사람이 되신 하느님의 사랑이 예수의 심장에서 흘러나온다. 세례수의 신비를 묵상하며 물 둘레에서 춤을 출 수도 있겠다. 세례우물을 돌며 춤추면서 우리 안에도 이 우물이 흐르기 시작하도록.

악을 끊어 버린다

물 축성 다음에는 악을 끊어 버리는 예식을 거행한다. 이 예식을 초기 교회에서는 매우 중요하게 여겼다. 영세자들은 주위 세계에서 실감하던 대로 의미없고 패륜한 삶을 의식적으로 단연 배격했다. 그리고 그리스도와 함께 그분 안에서 살기로 결단했다. 어른이 세례를 받을 때 이 예식은 확실히 의미가 있다. 예식은 삶의 위험을 지적한다. 삶이 성공한다는 것은 자명한 일이 아니다. 시련도 있다. 문제인즉 오늘날 우리는 어떻게 우리 경험에 부합하도록 악의 거부를 수행할 수 있는가다. 오늘날 우리에게 악은 인간의 존엄성을 짓밟는 우리네 사회의 경향으로, 불감증과 경직성으로, 불의한 구조로, 병들게 하는 생활조건으로, 폭력과 테러로 나타난다. 아이가 악에 감염되어 삶에 방해받지 않도록 부모와 친척들은 의식적으로 악을 배격한다. 인간의 존엄성이 손상되고 반생명 세력이 위력을 떨치는, 삶을 저해하는 우리네 사회의 경향에 대처하고 대항하는 자세를 표현한다.

더러는 그런데도 부정적 표현형식을 준수하기 어려워한다. 어느 부인은 자기가 참여한 세례에서 으레 악마 이야기가 나오더라고, 그래서 불안해질 수밖에 없더라고 했다. 거부의 예식을 달리 꼴지을 수도 있겠다. 부모와 대부모가 자기 자신의 말로 어디서 우리 시대의 부정적 경향에 한계를 짓고 대항하고자 하는지를 표현할 수도 있을 것이다. 혹은 믿음을 보호하는 내부 영역을 외부 위협에서 한계짓는 그런 표상으로 파괴력에 대한 저항을 상징적으로 표현할 수도 있을 것이다. 이를테면 참례자들이 어머니와 아이 둘레에 보호 울타리를 이루어 함께 기도를 드리거나 성가를, 예컨대 「자비와 사랑이 있는 곳에」를 부르는 것이다. 이 예식의 의미인즉 사실 그리스도를 위한 결단만이 아니라 아이를 악에서 보호하는 공동체의 체험이다. 아이는 처음부터 악도 만나는 그런 세상 속에 태어난다. 그러나 둘레에 믿는 사람들이 있는 거기서 아이는 또한 악이 힘쓰지 못하는 치유와 보호의 교회 공간도 체험하게 된다.

악을 끊어 버리는 이 예식을 간단히 넘어가고 만다면 확실히 너무나 미흡할 것이다. 바로 이 예식이 어렵고

꺼려진다는 사실이야말로 부모가 어떻게 이 오랜 관행의 의미를 자신과 아이를 위해 적절한 방식으로 충족할 수 있을지 숙고하기를 요청한다. 어느 세례 때 나는 모든 어린이에게 권하여 어머니와 영세자를 둘러싸도록 했다. 원한다면 손을 아이 위에 감싸면서 들고 있을 수도 있다고 했다. 우리는 이때 늘 같은 축복 구절을 노래했다. "너는 축복받았네. 너는 축복이라네." 어린이들은 신이 나서 영세자를 바라보고 있었다. 그리고 영세자는 그들 복판에서 매우 흐뭇해하고 있었다. 아주 친밀한 분위기, 보호 공간, 안온과 사랑의 공간이 생겨났고, 그 안에서 아이는 적대 세력과 흔들림 앞에 자신이 안전함을 알았다. 단번에 모두에게 악의 거부가 무엇을 의미하는지가 분명했다. 그리고 이 거부의 성질과 사랑과 신뢰의 보호 공간이 가진 속성이 실내에서 실감되었다.

사랑에 잠겨든다

끊어 버림과 신앙고백 다음에 본격적 세례식, 곧 물을 붓고 크리스마를 바른다. 물을 부을 때는 어린이들이 되도록 가까이 있어야겠다. 어린이들은 무엇을 보고 겪고 싶어한다. 아이의 머리에 물이 세 번 부어짐이 어린이들을 매혹한다. 세 번 부으면서 사제는 말한다. "나는 성부와 성자와 성령의 이름으로 ○○○에게 세례를 줍니다." 아이는 삼위일체 하느님의 친교 속으로 받아들여진다. 성령 안에서 인간의 마음속으로 쏟아지는 성부와 성자의 사랑 속에 잠긴다. 적절하다면 세례수에서 몇 방울을 둘러선 사람들에게 나누어 뿌려, 모두가 물의 살리고 싱싱하게 하는 힘을 체험하고 모두가 삼위일체 하느님의 친교에 참여하도록 할 수 있다.

왕이요 사제이며 예언자

크리스마 도유는 크리스마가 좋은 향내도 풍길 때 비로소 참으로 실감된다. 나는 아이만이 아니라 부모와 대부모도 크리스마로 도유한다. 그들도 사실 왕이요 예언자이며 사제인 인간이며 세례 때 사제 소임을 함께 수행한다. 도유 때 나는 나 자신의 말로 주어진 표현형식이 뜻하는 바를 밝힌다. 이를테면 아이에게 이렇게 말할 수 있다. "물과 성령으로 새 생명을 주신 그리스도께서 너를 사제로 삼아 하느님의 사랑이 너를 통해 흐르게 하시고, 너를 왕으로 삼아 자유로운 인간으로서 네 신적 존엄성을 의식하며 살도록 하시며, 너를 예언자로 삼아 오로지 하느님만이 너를 통해 이 세상에 울려 퍼지게 하고자 하신단다." 부모와 대부모에게도 도유하며 아이에게와 다른 말을 해 준다. 어머니를 여사제와 여왕과 여예언자로 도유한다고. 아버지를 아이의 삶에서 하느님의 자취를 발견하도록 사제로, 살아지는 대신 스스로 살도록 왕으로, 하느님을 자기 방식으로 표현하도록 예언자로 도유한다고.

하느님의 모상

그러고는 아이에게 흰 옷을 입힌다. 예식서는 갈라디아서 3장 27절을 원용하여 아이가 그리스도 당신을 입고 그분 안에서 하느님의 아름다움을 입는다고 주석한다. 흰 옷은 깨끗함과 순수함의 표상이다. 아이가 그리스도와 그분의 영광을 위해 온전히 투명해짐을 표현한다. 아이 안에서 우리에게 그리스도의 사랑이 인간적 의도와 이기심으로 흐려짐이 없이 빛을 발한다. 아이에게 흰 옷을 입힘으로써 우리는 이 아이가 둘도 없는 하느님의 모상임을 일그러짐 없이 드러내기를, 위험과 시련에 굽힘 없이 밝고 맑게 살기를 기원한다.

부활의 빛

세례초를 켬은 으레 모두에게 신명이 솟는 순간이다. 부활초에서 세례초에 불을 당길 때 나는 죽음의 밤을 밝히는 부활의 빛이 영세자의 모든 밤을 밝히기를 기도

한다. 불컨 초를 아이 가까이 들고서 아이가 어두운 세상에 빛을, 냉기가 위협하는 세상에 온기를 가져다주기를 기원한다. 그다음 어린이들과 어른들이 저마다 가져온 초에다 영세자의 초에서 불을 당긴다. 하나인 세례초가 교회 안에 많은 빛을 가져온다. 여러 얼굴이 환해지며 따뜻하고 아늑한 분위기가 생겨난다. 이 아이를 통해 세상이 더 밝고 더 따뜻해졌음이 분명해진다. 그리스도의 빛이 아이 안에서 빛날 때 많은 사람이 아이에게서 위로와 빛을 받고 떠나는 행복한 체험을 할 수 있다. 대개는 모두가 초를 손에 들고 빙 둘러선다. 때로는 세례등잔들을 세례대 물 위에 띄우는 수도 있다. 혹은 바닥에 모래와 수건을 깔아 바다를 암시하기로 했다면, 그 복판의 영세자 세례초 둘레에 여러 초나 등잔을 늘어놓아, 마치 등대가 바다에서 삶을 저어 가는 많은 이를 비추는 것처럼 한다. 어린이들은 즐겨 이 등불바다에 떼지어 둘러서서 홀린 듯 들여다본다. 이때 세례의 빛살이 그들 마음속으로도 비쳐든다.

에파타 예식

세례의 마지막 예식은 이른바 에파타(열려라) 예식이다. 예수께서는 농아의 입과 귀를 열어 주셨다. 세례는 인간이 이제 하느님의 말씀을 바르게 듣고 입으로 선포도

해야 한다는 것을 의미한다. 농아는 의사소통에서 제약되어 있다. 사람들과 참으로 관계를 맺을 수 없었다. 오늘날 많은 사람이 관계 상실에 시달리고 있다. 우리는 우리 감각으로, 귀·눈·입, 촉각과 후각, 손과 발로 관계를 맺는다. 나는 그래서 에파타 예식을 모든 감각의 개방으로 확대한다. 세례에서는 삶의 신비가 제시되어야 한다. 그 삶이 의미있고 감각적이라야 한다. 그리고 거기에 본질적으로 관계 능력이 속한다. 인간은 모든 감각으로 살 때라야 하느님과, 사람들과, 사물들과, 자기 자신과 좋은 관계를 맺을 수 있다.

먼저 내가 아이의 입에 손을 얹고 아이가 사랑을 일깨우고 평화를 이룩하는, 다른 사람들을 바로 세우고 격려하는 말을, 사랑이 흘러나오고 상처를 치유하며 슬픔을 위로하는 말을 하기를 기원한다. 그러고는 아버지와 어머니가 귀와 눈에 손을 얹고 소망을 표현한다.

이렇게 예식이란, 달리라면 아마도 말해 본 적이 없었을 느낌과 소원을 표현할 수 있는 기회다. 아이가 눈을 어떻게 사용하느냐, 진실 앞에 눈을 감느냐 아니면 이 세상의 아름다움을 보고 경탄하느냐, 사람마다 안에서 선한 것을 보느냐, 그의 눈이 온기와 생기를 발산하느냐 아니면 우울함만 퍼뜨리느냐, 그것이야말로 중요하고말고다. 그리고 귀로 아이는 하느님이 자기에게 말씀하고자 하시는 것, 사람들에게서 들리는 말씀의 본디 메시지인 것을 들어야 한다. 사람들을 바르게 대할 수 있도록 중간음을, 조용한 음성을 들어야 한다. 그래서 다른 사람들이 즐겨 다가와서 자기 이야기를 털어놓게 되는 모모처럼 들을 수 있어야 한다.

대부모는 아이의 손과 발을 만지며 축복하고, 어려운 곳에서는 손을 모아쥐기를, 손길이 다정하기를, 주고받으며 열리고 받아들이는 손이기를, 삶을 손에 쥐고서 의욕을 가지고 꼴지어 가기를 기원한다. 발로는 아이가 바른 길을 걷기를, 내면의 길로 나아가기를, 다른 사람들에게 다가가는 길을 발견하고 자기 삶의 길을 거듭 새삼 거닐며 마침내 그 목표에 이르기를.

여섯 살 난 어느 소년은 동생의 세례 때 기어이 코도 열어 주려고 했다. 작은 손가락을 영세자의 코에다 대더니, 언제나 좋은 냄새를 맡고 좋은 입맛을 가지기를 빌었다. 그런 예식을 통해 부모와 대부모와 오누이들에게 삶이란 정작 무엇인지가 분명해진다.

영세자가 삶을 충만히 체험하기를, 하느님이 의도하신 대로 바로 감각 속에 있는 모든 가능성을 가진 삶을 체험하기를.

감각을 통해 우리는 진실을 인식하고 관계를 맺는다. 감각도 하느님 체험의 장소다. 감각을 통해 우리 삶은 풍부해지고 열매맺는다.

축복

성가가 동반해도 좋은 에파타 예식이 끝나면, 이제 온 공동체가 아이를 대표하여 「주님의 기도」를 바친다. 이때 모두가 손에 손을 둥글게 맞잡으면 아름답다. 그러면 하느님이 이 아이와 우리 모두의 본디 아버지요 본디 어머니이심이, 하느님만이 참으로 안온과 고향을 선사하실 수 있음이 분명해진다. 기도중에 예수의 영이 우리 손을 통해 흐르면서 서로를 하느님 안에서 결합할 수 있다. 그러고는 어머니와 아버지가 강복받는다. 강복의 본래 형태는 안수다. 직접 만든 축도 형식으로 나는 어머니가 아이에게 안온과 고향을, 삶에 대한 원초적 신뢰와 긍정을 선사하기를, 아이에 대한 사랑으로 자기를 소모해 버리지 않고 언제나 하느님 사랑의 샘에서 길어내기를, 언제나 아이의 신비에 감사하며 바라보고 그 유일성을 기뻐할 수 있기를 기원한다. 아버지에 대한 축복으로 나는 하느님의 부성에 참여하기를, 아이를 밀어주며 용기를 북돋아 주기를 기원한다. 딸이나 아들을 위해 필요할 때면 언제나 거기 있어서 그들이 그에게 기대고 그의 힘에 참여할 수 있도록 하기를. 그리고 그들이 어디로 가든 모든 길에 동반하기를.

그러고는 모든 참례자가 강복받는다. 나는 으레 부모와 함께 축도를 하는데, 흔히 그들 자신이 축도문을 찾거나 지어 가지고 왔다. 부모가 모두를 위해 강복을 빌 때 그들의 사제직이 분명히 드러난다. 하느님이 그럴 능력을 주셨으므로 그들은 아이에게 생명을 선사했다. 이제 축도에서 모두에게도 하느님이 우리 모두를 위해 마련하신 생명의 충만에 관해 무슨 말을 해 주고자 한다. 이를테면 이런 말일 수 있다. "자비롭고 선하신 하느님이 여러분을 강복하시기를. 당신 선하신 손을 여러분 위에 들고 계시기를. 여러분이 걷는 길을 비추시기를. 당신 힘으로 여러분을 굳세게 하시기를. 여러분이 늘 마실 수 있는 샘이시기를. 여러분에게 필요한 천사를 늘 보내시기를. 삶이 여러분을 왜곡시킬 때 곧추세우시기를. 묵은 상처가 곪아터질 때 치유하시기를. 여러분 삶의 모든 길에 함께 계시기를. 가까이서 치유하고 사랑하며 감싸시기를. 그리고 여러분 자신을 형제자매를 위한 축복의 샘으로 삼으시기를. 이렇게 여러분을 호의롭고 자비로우신 하느님, 성부와 성자와 성령께서 강복하시기를."

세례의 본질

부모와 대부모가 사제와 함께 어떻게 각 세례 예식을 꼴지을지는 거행자들 스스로 숙고하여 찾아내야 한다. 그것은 아름다운 꼴짓기 일만이 아니다. 오히려 세례 예식들을 준비하는 과정에서 어떻게 부모가 세례를 이해하는지가 분명해진다. 그리고 이때 그들은 세례의 본질 속으로 점점 깊이 성장해 들어간다. 예식이 그 효과를 보여 주게 된다.

잘 준비하면 다음과 같은 중심 문제에 마주친다. 인간은 무엇인가? 삶은 무엇인가? 정작 그리스도인이라 함은 무슨 뜻인가? 이제 세례는 실상 무엇을 말하는가? 그리스도인 삶의 신비는 무엇인가? 그리스도를 위해 결단하고 그리스도와 함께 길을 걷는다는 것은 무엇을 의미하는가? 예식들은 무슨 효과가 있는가? 아름다운 연극일 뿐인가 아니면 우리는 거기서 수행하는 것을 믿는가? 하느님은 우리에게 얼마나 가까이 계신가? 이 나자렛 예수께서는 세례에서 우리에게 얼마나 가까이 오시며 우리 삶에 어떻게 사무치시는가? 나라면 그리스도 없이도 내 삶을 똑 그렇게 꼴짓게 될까, 아니면 이 예수께서 내가 살고 생각하고 행동하는 방식에 영향을 주실까? 아이도 그리스도인답게 교육하는 것이 얼마나 중요하냐며 사제가 부모에게 도덕적으로 호소할 때보다는 부모가 사제와 함께 세례 예식을 잘 준비할 때 그들 안에 더 큰 일이 일어난다.

예식을 나름대로 연구하면서 많은 부모가 그리스도인으로서 자기 뿌리를 다시 발견한다. 나는 대화중에 그들에게 다시 그리스도인답게 살아야 한다며 양심의 가책을 전달하고자 하지 않는다. 오히려 예식에 관한 대화를 통해 그들이 그리스도인으로서 자기 삶을 어떻게 이해하며 살고자 하는지 스스로 궁리해 보고 싶은 의욕을 일깨운다. 그러면 단번에 그들은 그리스도교 믿음이 세상에서 멀지 않고 자기들에게 자유와 존엄, 사랑과 안온, 능력과 안정이 새겨진 삶을 가능하게 한다는 것을 발견한다. 믿음이 참으로 삶에 도움이 되며 참된 삶의 질을 선사한다는 것을 실감한다.

III 세례 생활

세례 쇄신

주님 세례 축일과 부활 성야에 교회는 모든 신도가 자신의 세례를 쇄신하도록 초대한다. 그리스도인들이 거듭 새삼 세례의 신비에서 나오는 삶을 살기를 요망한다. 대부분이 아이로서 세례를 받았으므로 자신의 세례를 기억함은 효과가 적다. 그렇다면 더욱 그리스도인들이 자기 세례 현실에서 나오는 삶을 살아야겠다는 요청이 매우 클 수 있다. 그들은 대부분 그것이 무슨 뜻인지 전혀 모른다.

어른으로서 세례받은 사람은 자기 안에 일어난 일을 거듭 새삼 기억할 수 있을 것이다. 자기 세례를 회상하며 — 초기 그리스도인들이 그랬던 것처럼 — 악을 끊어 버리고 그리스도를 위해 결단했던 일을 새삼 다짐할 수 있다. 그러나 아이로서 세례받은 우리에게 세례의 현실에서 나오는 삶을 산다는 것이란 무슨 뜻인가? 나에게는 세례에서 나오는 삶을 더 의식적으로 더 진정하게 산다는 것을 의미한다. 업적이 아니라 은총이라는 다른 차원에서 나오는 삶을 산다는 것, 세상의 기대에 대해 자유롭다는 것, 자신의 힘만이 아니라 내면의 샘에서 나오는 힘이 작용한다는 것을 뜻한다. 내가 세례받았다는 사실은 나를 거듭 새삼 물음 앞에 세운다: 인간이라 함은 무슨 뜻인가? 나는 참으로 누구인가? 어디서 오는가? 어디로 가는가? 내 삶으로 무엇을 원하는가? 내 삶의 신비는 무엇인가? 그리스도인이라 함은 무슨 뜻인가? 예수 그리스도는 내 삶을 어떻게 이해하시는가? 오늘 나에게 무엇을 말하고자 하시는가? 오늘날 예수 그리스도와 친교하며 산다는 데는 어떤 의미가 있는가? 나는 나를 세례받지 않은 사람들과 어떻게 구별하는가?

나는 세례받았다

마르틴 루터는 자기 책상 위를 긁어 "밥티자투스 숨"(나는 세례받았다)이라는 말을 새겨넣었다고 한다. 사정이 어려울 때마다, 자기회의와 열등감이 숨어들 때마다 그는 이 문장을 보며 중얼거렸다. "나는 세례받았다." 그에게 이 말은 이런 뜻이었다. 중요한 것은 내 업적이 아니다. 내가 행하는 모든 것이 옳으냐, 내가 하느님 앞에 스스로 옳게 사느냐가 아니다.

단연 중요한 것은 하느님이 나를 무조건 받아들이셨다는 것, 선입견 없이 사랑하신다는 것, 하느님이 나를 의롭게 만드신다는 것, 나의 의로움이란 하느님으로부터 오는 것이지 내 업적에서 오는 것은 아니라는 것이다. 그렇다면 우리에게 세례를 기억함이란 우리가 하느님의 사랑받는 아들딸임을 확인한다는 뜻일 수 있겠다. 사람마다 깊은 내면에서 사랑받고 자신도 사랑할 수 있기를 동경한다.

세례는 우리가 온전히 사랑받고 있음을, 우리 안에 이 하느님의 사랑에서 제외되어 있는 것이란 아무것도 없음을 말해준다.

사랑은 우리의 삶을 건설할 수 있는 기반이다. 그리고 하느님의 사랑은 우리가 인간에게서 경험하는 사랑처럼 연약하지 않다. 자기네 사랑을 너무나 자주 감사의 요구와 연결짓거나 우리를 자기네 사랑에 묶어 두고 싶어하는 그런 부모의 사랑처럼 양의兩義적이 아니다. 우리가 자신을 의심할 때마다, 열등감을 느낄 때마다, 자신을 거부할 때마다, 세례에서 무조건 받아들여졌음을 기억한다면 도움이 되어 우리 자신을 긍정하고 사랑할 수 있을 것이다.

생명의 샘

세례를 기억하라는 것은 일차적으로 예수의 계명들을 수행하며 바르게 행동하라고 촉구하는 것이 아니다. 오히려 우리가 정작 누구냐를 말해주고자 한다. 우리가 누구냐를 새삼 스스로 의식할 때만 우리는 바르게 살 수 있다. 세례는 우리가 부모의 자녀만이 아니라 하느님의 자녀임을 말해준다. 우리 안에는 부모에게서 이어받은 속성만 있는 것이 아니라 하느님의 사랑이 우리 안에 흐른다. 우리 몸과 혼 안에 함께 받은 힘만으로 만족해서는 안 된다. 우리 안에는 결코 마르지 않는 성령의 샘이 솟는다. 거기서는 우리의 힘이 우리를 버릴 때라도 거듭 다시 힘을 길어낼 수 있다. 우리는 이 하느님의 샘에서 흘러오는 하느님의 무한한 힘에 참여해 있다. 자신의 세례를 기억함은 모든 것을 우리 스스로 해야겠다는, 우리의 가치를 입증해야겠다는 업적 강박의 짐을 벗겨 준다. 그리고 힘이 사라질 수도 있다는 불안에서 해방시킨다.

종종 우리는 자기 안에서 모든 것이 경직되어 있음을 경험한다. 자신이 돌처럼 굳어 있음을 느낀다. 일이 우리를 딱딱하게 만들었다. 더는 우리 안에서 아무것도 흐르지 않는다. 성공적으로 삶을 뚫고 싸워 나가기 위해 철갑차를 짓고 들어앉았다. 그러나 그것이 우리를 무감각하게 만들었다. 그리고 생명의 흐름에서 단절해 버렸다. 더는 우리 안에 아무것도 흐르지 않는다. 만사가 그저 예사일 뿐이다. 그런 사정일 때라면 세례를 기억함이 내면의 흐름을 다시 흐르게 할 수 있을 것이다. 내면의 샘과 다시 접촉하게 될 수 있을 것이다. 생명은 흐르는 법이다. 예사 속에 굳어 있음은 생명의 죽음이다. 세례는 우리가 돌처럼 굳어 버림을 막고자 한다. 생명이 우리 안에 다시 흐르기 시작하도록 물꼬를 트고자 한다.

친교하는 삶

세례받았다 함이란 나에게 하느님의 샘에서 나오는 삶만이 아니라 예수 그리스도와 친교하는 삶도 뜻한다. 내 안을 들여다볼 때 나는 내 삶의 역사만이 아니라 나의 가장 깊은 내면의 현실인 예수 그리스도와도 마주친다. 이 사실이 내 삶에, 내 자아인식에 어떻게 사무치는가? 나의 세례를 묵상함은 내가 결코 혼자라고 느끼지 않음을 의미한다. 지금 이 책상에 앉아 이 책을 쓰면서 나는 고심할 필요가 없다. 나와 함께 내 안에 예수 그리스도께서 계시다. 굳이 늘 그분을 생각해야 하는 것은 아니다. 그분과 접촉하려고 매순간 성서를 읽어야 하는 것은 아니다. 그분은 나의 내면에 계시다.

그분을 의식하게 될 때 나는 내 삶을 스스로 세워야 한다는 압박에서 벗어남을 느낀다. 관계 속에 있음을 느낀다. 예수께서 내 안에 계심을 생각하면 사랑이 내 몸을 관류貫流한다. 나는 고립되어 있지 않고 사랑에 잠겨들며, 그 사랑이 나 자신에게 적중하되 나를 통해 이 세상으로도 흘러들어가고자 한다. 예수와 더불어 성숙한 삶, 그것은 내가 결코 홀로 있지 않음을 뜻한다. 고독 속에서도 이 내면의 관계를 잘 알고 있음을, 결코 속수무책이 아님을, 결코 거듭이 없지 않음을, 결코 사랑이 없지 않음을, 결코 보호가 없지 않음을.

성 수

세례는 여러 예식으로 주어졌다. 일상의 예식들이 나에게 세례의 현실을 상기시킬 수 있다. 성수를 찍어 자신에게 십자성호를 긋는 예식이 있다. 우리는 성당에 들어설 때 그렇게 한다. 더러는 자기 집에도 성수가 있다. 그들은 성수로 자신에게 십자성호를 그음으로써 하루를 시작한다. 성수는 우리 안에 성령의 샘이 흐른다는, 우리가 말라 버리고 타 버리지 않으며 거듭 새삼 싱싱하게 살리는 하느님의 생명수가 우리 안에 흐른다는 체험을 일깨우고자 한다. 성수는 또한 우리가 세례에서 온전히 깨끗하게 씻겼음을 가리키는 표상이다. 성수로 십자성호를 그을 때 나는 내가 온전히 깨끗함이란 무슨 뜻인지를 짐작한다. 내가 하느님을 위해 투명함, 내 안에 있는 본래의 하느님 모상을 왜곡하는 온갖 더러움에서 깨끗이 씻김, 내 과거, 내 탓에서 깨끗이 씻김이란 무엇인지를. 내 삶의 역사에서 내 안에 새겨져 들어온 얼룩들이 풀어진다. 이제 이 순간 나는 하느님 앞에서 나를 얼룩지우고 때묻히는 모든 것으로부터 자유롭다. 성수에는 내 삶을 또 한 번 처음부터 시작할 수 있다는, 날마다 새로운 시작을 할 수 있으며 지나간 것, 내 생애의 상처, 내 잘못, 내 좌절에 내가 묶여 있지 않다는 약속이 들어 있다. 나는 이마와 아랫배, 왼쪽과 오른쪽 어깨에 십자를 그으면서, 하느님의 생명과 사랑이 내 생각 속에, 내 활기와 성생활 속에, 내 무의식과 의식 속에 흐르고 있음을, 내 안의 모든 것이, 나 자신 내게서 없애 버리고 싶은 것까지도 무조건 받아들여져 사랑받고 있음을 고백한다. 성수로 십자를 그으면서 나는 내 안에 솟아나 내 갈증을 끄는 샘과 접촉하게 된다. 하느님의 생명 속으로, 하느님의 사랑 속으로 잠김을 느낀다.

성수는 그러나 내가 세례에서 이 세상에 대해 죽었다는 것도 상기시킨다. 세상과 그 잣대들은 나를 지배할 힘을 잃었다. 세상이 나를 무엇이라고 여기느냐는 이미 중요하지 않다. 나는 주위 세계의 인준$_{認准}$에 맡겨져 있지 않다. 나는 이 세상에 살지만 이 세상의 것이 아니다. 이것이 나에게 자유의 느낌을 준다. 아침마다 다섯 시에 성당에 들어가면서 성수를 찍을 때 나는 자신에게 의식시킨다. "오늘 너는 너 자신을 입증할 필요가 없다. 너는 세상의 것이 아니다. 성공과 인정, 인기있음과 쓸모있음 같은 세상의 잣대는 너에게 적용되지 않는다. 너의 가장 깊은 내면의 현실에서 나오는 삶을 살아라, 예수 그리스도로부터 나오는 삶을 살아라!" 내가 주의깊게 성수를 이용할 때 내 안에는 그리스도인임이 뜻하는 바에 대한 감지가 솟아오른다. 자유롭다는 것, 사랑받고 있다는 것, 하느님의 현실에서 나오는 삶을 산다는 것, 불가침의 존엄성을 가지고 있다는 것이다.

그리스도를 입는다

세례에서 우리는 그리스도를 입었다. 이 말은 흔히 경건하되 내 삶에 효과가 없는 문장처럼 들린다. 성직자 전통에서는 사제가 제의를 입을 때 "구원의 예복을 입겠나이다" 같은 기도를 드리는 것이 상례였다. 혹은 영대領帶를 걸칠 때는 "불사不死의 옷을 입습니다"라고 말한다. 우리 수도승 전통에서는 수도복을 입을 때 고유한 기도를 바치는 것이 관례다. 나는 아침에 수도복을 입으면서 의식적으로 이렇게 중얼거린다. "나는 나 자신이 아니라 하느님께 속합니다. 나 자신이 아니라 하느님을 섬기는 자리에 있습니다." 그리고 내가 입는 옷처럼 그리스도께서 나를 감싸심을 상상할 수 있다. 그분과 함께 나는 그날을 지낸다. 그저 얼른 껴입지만 않고 주의깊게 입을 때 나는 그것이 뜻하는 바를 짐작한다. 그리스도와 함께 자란다는 것, 그리스도를 내 옷으로 입는다는 것, 그분의 모습에 참여한다는 것, 그분의 영으로 입혀진다는 것이다.

왕다운 인간

의식적으로 떳떳하게 삶을 살아감으로써, 자신을 왕이나 왕비로 느낌으로써 내 세례를 기억할 수도 있다. 그러면 내 존엄성을 실감한다. 살아지는 대신 참으로 스스로 살 때, 남에게 좌우되는 대신 나 자신이 나를 다스릴 때, 내가 나와 평화 속에 있을 때라면 어떻게 보일지 짐작한다. 왕이나 예언자나 사제라는 표상을 눈앞에 둠으로써 나는 나를 달리 체험하게 된다. 그리고 나를 달리 느낄 때 또한 달리 생각하고 행동하게 된다. 나를 남들과 비교하는 것, 남들에게 원한을 품는 것, 화를 내는 것이 나의 생각에 더는 사무쳐 있지 않게 된다. 왕다운 인간으로서 그들의 존엄성도 존중하게 된다. 그러면 나를 낮게 느끼려고 그들을 업신여기거나 골탕먹이기에 골몰할 필요가 없다. 내가 나 자신과 조화되어 있을 때 남들도 존엄한 삶을 살 수 있는 여지를 인정해 주게 된다.

삶을 위한 결단

세례에서 우리는 의식적으로 악을 끊어 버렸다. 세례를 기억함이란 하느님을 위해 또 삶을 위해 거듭 결단함도 뜻한다. 자기연민에 빠져버릴 위험이 있는 사람들을 나는 자주 만난다. 그들은 줄곧 상태가 나쁘므로 좀처럼 아침에 잠자리에서 나오지 않는다. 자신에게 불평하며 우울감에만 맴돈다. 그들에게 나는 늘 말한다. "삶을 위해 결단해야지. 일어날 때는 일어나서 삶 속으로 들어갈 것이지 우울 속으로 파고들지는 말아야지." 나 자신이 겁에 질려 만사가 얼마나 어려운지 한탄하기 시작할 때는 세례를 기억함이 도움이 된다. 그리고 중얼거린다. "나는 한탄하는 대신 살리라. 남들의 부정적인 와류에 나를 맡기기보다는 스스로 삶을 가꾸리라." 나는 삶을 위해 결단한다.

교회력에는 특히 세례를 상기시키는 두 축일이 있다. 주님 세례 축일과 부활 성야다. 주님 세례 축일에는 사제가 미사 시작 때 모든 신자에게 성수를 뿌린다. 이때 모두가 "아스페르제스 메"라는 옛 노래를 부른다. "히

솝 채로 뿌리소서, 주님, 그러면 제가 깨끗해지리니. 저를 씻기소서, 그러면 눈보다도 희어지리니." 부활 성야에는 사제가 세례수를 축성한다. 부활초를 세 번 세례수에 담그며 말한다. "성자를 통하여 이 물에 성령의 힘을 풍부히 부어 주시어, 세례로 그리스도와 함께 죽음 속에 묻힌 모든 이로 하여금 또한 그리스도와 함께 새 생명으로 부활하게 하소서." 우리 성당에는 신자들이 부활 성야 후 성수를 집에 가져가도록 큰 물통이 마련되어 있다. 그들이 그리스도와 함께 부활했음을, 그들 안에서도 생명이 죽음을 눌러 이겼음을 부활 시기 내내 상기시키자는 뜻이다.

맺는말

세례와 그 놀라운 예식들을 생각함은 부모가 자식의 세례를 잘 준비하는 데 도움이 되자는 것만이 아니다. 이 책의 생각들은 오히려 모든 세례받은 이들을 자극하여 자기 세례의 신비를 숙고하고 세례를 통해 자기가 어떤 사람이 되었는지 거듭 확인하게 하자는 것이다. 세례의 표상들은 그리스도인에게마다 그리스도인이라는 것이 무엇을 뜻하는지, 인간이라는 것, 하느님에 의해 온전히 사랑받는다는 것, 하느님의 본성에 참여한다는 것, 그리스도와 함께 성장했다는 것이 무슨 신비인지를 상기시키고자 한다. 초기 그리스도인에게 세례는 하도 압도적인 체험이라서 그 기억은 거듭 새삼 자기 생명의 기원을 눈앞에 지니고 있었다. 아이로서 세례받았던 우리에게는 세례의 거행에 참여할 때 이 모든 예식이 자기에게 수행되었던 것을 스스로 의식하는 것이 도움이 될 수 있다. 또 그러고는 이 예식들을 묵상하면서, 사제와 왕과 예언자로 도유된다는 것, 물과 성령으로 세례받는다는 것, 의미가 열린다는 것이 우리와 무슨 관계가 있는지 상상할 수 있다. 그러면 우리가 정작 누구이고 우리 삶의 신비가 무엇이며 우리가 세례에서 함께 성숙해 들어간 예수 그리스도의 신비가 무엇인지를 짐작한다.

자신의 세례를 기억하면 우리의 그리스도인 정체가 의식화하는 데 도움이 될 수 있다. 너무나 쉽사리 우리는 이 세상에 적응할 위험 속에 있다. 종종 왜 우리가 정작 그리스도인이며 무엇이 우리를 영성 도정들의 장터에서 자기 구원을 찾는 다른 사람들과 구별짓는지 전혀 모르고 있다. 오늘날 우리는 의식적으로 그리스도인으로서 살 수 있도록, 세상에 대해 담을 쌓지 않고 세상 안에서 자의식을 가지고 살도록, 세상 안에 있으나 세상의 것은 아니라는 의식 속에 살도록 도움이 필요하다. 우리 그리스도인의 자유와 존엄을 익혀 들어가는 길이 필요하다. 수많은 생명 저해 경향이 위협하고 있는 오늘날 우리의 삶을 이 이름에 참으로 걸맞게 살도록 도움이 필요하다. 중요한 일인즉 영원한 삶에 들어가기를 익히는 일이다. 지금 이미 하느님의 생명 속에

다다르는, 죽지 않는 하느님의 생명이 얽혀 있는 그런 삶으로 들어가는 일이다.

자신의 세례를 기억함이야말로 나날이 새로이 우리 믿음과 우리 삶의 본질이 열리고 그래서 더 의식적으로 더 진정하게 그리스도인으로서 살게 되는 그런 구체적인 길일 수 있으리라.

안셀름 그륀 지음
김주현 옮김

A5판 88쪽

고해성사
화해의 축제

지난 수십 년 동안 성사들 가운데 아마 고해성사만큼 논란을 불러일으킨 것도 없을 겁니다. 동시에 교파를 초월해 이 오래된 예식에 대한 관심이 고조되고 있는 것도 사실입니다.

안셀름 그륀 신부는 고해를 "치유의 능력을 지닌, 그리고 실제로 치유하는, 하느님의 은총"으로 이해합니다. 고해 중에 행해지는 대화를 통해 우리는, 죄가 우리 마음의 깊은 곳을 바라볼 수 있는 그리하여 자신의 참 모습을 인식할 수 있는 기회가 될 수도 있다는 사실을 발견합니다. 이처럼 자기 자신과의 화해 그리고 이웃과의 화해에 도달하는 구체적인 길이 바로 고해입니다.